हैलो !

लेखन व चित्र

दीपा बलसावर

Tulika

Hello! (Hindi)

ISBN 978-81-8146-586-3

First published in India 2009
Twelfth reprint, 2025

Originally in English
Hindi by Sandhya Rao

Published by
Tulika Publishers, 305 Manickam Avenue, TTK Road, Alwarpet, Chennai 600 018, India
email reachus@tulikabooks.com *website* www.tulikabooks.com

Printed and bound by
SS Colour Impression, Chennai, India

“हैलो!”
कहता है सूरज ।

"हैलो!"
कहती है बारिश।

"हैलो!"
कहती हैं तितलियाँ।

“हैलो!”
कहती हैं मधुमक्खियाँ।

“हैलो!”
कहती हैं चिड़ियाँ।

“हैलो!”
कहते हैं पेड़।

“हैलो!” कहता है
तम तम तम्बी।

"हैलो!"
कहता है फूल।

कहानी खत्म। चलो, चित्र बनाएँ।

ये हैं तम तम तम्बी के सबसे प्यारे फूल।

पन्ने पर अपने अंगूठे का छाप लगाकर चित्र बनाओ।

यह है मेरा सबसे प्यारा फूल।

मुझे यह किताब पढ़नी आती है!